São Cristóvão

Elam de Almeida Pimentel

São Cristóvão

Para pedir proteção nas viagens

Novena e ladainha

Petrópolis

© 2010, Editora Vozes Ltda.
Rua Frei Luís, 100
25689-900 Petrópolis, RJ
Internet: http://www.vozes.com.br

Todos os direitos reservados. Nenhuma parte desta obra poderá ser reproduzida ou transmitida por qualquer forma e/ou quaisquer meios (eletrônico ou mecânico, incluindo fotocópia e gravação) ou arquivada em qualquer sistema ou banco de dados sem permissão escrita da Editora.

Diretor editorial
Frei Antônio Moser

Editores
Ana Paula Santos Matos
José Maria da Silva
Lídio Peretti
Marilac Loraine Oleniki

Secretário executivo
João Batista Kreuch

Editoração: Frei Leonardo Pinto dos Santos
Projeto gráfico: AG.SR Desenv. Gráfico
Capa: Omar Santos

ISBN 978-85-326-4011-6

Editado conforme o novo acordo ortográfico.

Este livro foi composto e impresso pela
Editora Vozes Ltda.

Sumário

1. Apresentação, 7
2. Histórico, 9
3. Novena a São Cristóvão, 12
    1º dia, 12
    2º dia, 13
    3º dia, 15
    4º dia, 17
    5º dia, 18
    6º dia, 19
    7º dia, 21
    8º dia, 22
    9º dia, 23
4. Orações de São Cristóvão, 26
5. Ladainha de São Cristóvão, 29

APRESENTAÇÃO

São Cristóvão é protetor dos viajantes, motoristas e turistas. Seu dia, 25 de julho, costuma ser comemorado com carreata de veículos de passeio, táxis e caminhões. Muitos automóveis trazem alguma imagem do santo. Esta imagem representa o santo como um homem forte e alto, usando vestes curtas e segurando um bastão na mão direita, com os pés mergulhados na água, carregando o Menino Jesus nos ombros.

A tradição católica popular ensina que olhar para uma imagem de São Cristóvão protege o fiel de todos os males durante o dia inteiro.

Este livrinho contém o histórico da devoção, a novena, orações e a ladainha a São Cristóvão. Durante os dias da novena, os devotos refletirão algumas passagens bíblicas, seguidas de uma oração para o pedido da graça especial, acompanhada de um Pai-nosso, uma Ave-Maria, um Glória-ao-Pai.

2

HISTÓRICO

Diz a tradição que Cristóvão era filho do rei de Canaã. Era muito ambicioso, percorrendo o Oriente Médio para servir ao rei e, nestas andanças, teve contato com a doutrina cristã. Dizem que, após aprender a doutrina cristã, Cristóvão trocou a ambição pela dedicação aos semelhantes.

Na região onde morava havia um rio, cujas pontes, em determinadas épocas, eram destruídas por enchentes. Cristóvão, por isso, passou a ajudar os idosos e as crianças na travessia de uma margem à outra, uma vez que ele era um homem alto e forte. Numa noite de tempestade, um menino pediu para ser transportado e, durante a travessia, ele passou a pesar cada vez mais, sendo, assim, com grande esforço que eles terminaram o trajeto. O menino, então, revelou sua identidade: era Jesus.

Cristóvão carregou nos braços o "Redentor e os pecados do mundo". Por isso, seu nome significa "Portador de Cristo". E, por ter ajudado as pessoas a atravessarem com segurança, é invocado para protegê-las no trânsito: turistas, viajantes, motoristas.

Cristóvão, ao tomar conhecimento da identidade de Jesus, passou a carregar de um lado para outro a mensagem de Cristo, tornando-se um dos mais fervorosos pregadores da fé cristã na época. Foi preso no período do governo do imperador Décio, tendo sido cruelmente torturado e depois degolado por volta do ano 250.

A devoção a São Cristóvão é bem popular em vários países da Europa. Em sua honra, foram fundados conventos, abrigos, irmandades. No Brasil, cidades, bairros e ruas de alguns estados receberam o nome de São Cristóvão. Em São Paulo, no século XIX, foi construído um templo em sua homenagem, próximo ao Jardim da Luz. Em Sergipe, a cidade de São Cristóvão, fundada em 1590, situada na zona litorânea, possui vários monumentos tombados pelo Instituto do Patrimônio Histórico e Artístico

Nacional – Iphan. O Palácio de São Cristóvão, no Rio de Janeiro, doado em 1809 a D. João VI, atualmente abriga o Museu Nacional.

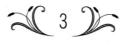

Novena a São Cristóvão

1º dia

Iniciemos com fé este primeiro dia de nossa novena, invocando a presença da Santíssima Trindade: em nome do Pai, do Filho e do Espírito Santo. Amém.

Leitura bíblica: Sl 141,1-4

> Senhor, por ti eu clamo: vem depressa! / Escuta minha voz, quando te invoco! / Que minha oração seja o incenso diante de ti, minhas mãos erguidas, a oferenda vespertina! / Senhor, põe uma guarda à minha boca, fica de vigia à porta de meus lábios! / Não deixes meu coração inclinar-se para qualquer mal / nem à prática de ações iníquas, na companhia de malfeitores, / de cujos manjares jamais vou provar...

Reflexão

A fé é um compromisso permanente do cristão com Deus assim como o seguimento dos ensinamentos de Jesus. A fé em Cristo nasce da esperança e cresce na obediência à sua palavra. O salmista retrata a fé verdadeira no Senhor ao clamar por Ele e pedir sua ajuda, acreditando sempre na sua presença, a força necessária à vida de todo fiel.

Oração

São Cristóvão, ajudai-me a confiar em Jesus em todas as situações de minha vida. Ajudai-me a corrigir minhas faltas. Intercedei junto ao Senhor para que alcance a graça de que tanto necessito... (falar a graça).

Pai-nosso.

Ave-Maria.

Glória-ao-Pai.

São Cristóvão, intercedei por nós.

2º dia

Iniciemos com fé este segundo dia de nossa novena, invocando a presença da Santíssima Trindade: em nome do Pai, do Filho e do Espírito Santo. Amém.

Leitura bíblica: Tg 2,14-17

Meus irmãos, o que adianta alguém dizer que tem fé, se não tiver obras? Poderá a fé salvá-lo? Se um irmão ou uma irmã não tiverem o que vestir e precisarem do alimento de cada dia, e alguém de vós lhes disser: "Ide em paz, aquecei-vos e fartai-vos", mas não lhes der o necessário para o corpo, o que adiantaria? Assim também a fé, se não tiver obras, está morta em si mesma.

Reflexão

Nem sempre fazemos o bem para as pessoas que estão sofrendo. Por intercessão de São Cristóvão que ajudava as pessoas na travessia da ponte, procuremos praticar o Evangelho, ajudando os necessitados.

Oração

São Cristóvão, dai-me um coração sensível para perceber as necessidades dos que sofrem. Atendei o pedido especial que faço nesta novena... (fazer o pedido que se quer alcançar).

Pai-nosso.

Ave-Maria.

Glória-ao-Pai.

São Cristóvão, intercedei por nós.

3º dia

Iniciemos com fé este terceiro dia de nossa novena, invocando a presença da Santíssima Trindade: em nome do Pai, do Filho e do Espírito Santo. Amém.

Leitura do Evangelho: Lc 17,3-4

[...] tende cuidado! Se o teu irmão pecar contra ti, repreende-o; e se ele se arrepender, perdoa-lhe. Se pecar contra ti sete vezes num dia e sete vezes vier procurar-te, dizendo: "Estou arrependido", tu o perdoarás.

Reflexão

Jesus, em seus ensinamentos, fala- nos da necessidade de perdoar: "Que atire a primeira pedra aquele que nunca tenha cometido pecado". Às vezes, algumas ações das pessoas nos machucam, e é difícil esquecer, mas devemos lembrar que tais pessoas precisam de oração. Não podemos nos esquecer que há momentos em que também magoamos as pessoas e precisamos de perdão. Errar faz parte da natureza humana, e saber perdoar é muito importante para se atingir a paz de espírito. Invoquemos São Cristóvão para perdoar a quem nos ofende, zelando assim pela paz, sobretudo no trânsito.

Oração

São Cristóvão, santo da paz, aguçai meus ouvidos para que ouça a voz de Deus no meu dia a dia, em todas as situações. Eu vos imploro a graça de que tanto necessito... (falar a graça).

Pai-nosso.

Ave-Maria.

Glória-ao-Pai.

São Cristóvão, intercedei por nós.

4º dia

Iniciemos com fé este quarto dia de nossa novena, invocando a presença da Santíssima Trindade: em nome do Pai, do Filho e do Espírito Santo. Amém.

Leitura Bíblica: Ef 4,31-32

[...] afastai de vós toda dureza, irritação, cólera, gritaria, blasfêmia e toda malícia. Sede antes bondosos e compassivos uns para com os outros, perdoando-vos mutuamente, como Deus vos perdoou em Cristo.

Reflexão

Nenhuma situação exige gritaria. Se falarmos em tom adequado, quem estiver gritando, irritado, vai silenciar para nos ouvir. A voz caracteriza o comportamento e a emoção das pessoas. Rezemos a São Cristóvão para que, com a sua ajuda, sejamos corteses no trânsito.

Oração

Glorioso São Cristóvão, a vós suplico que me ajudeis a ter paciência com as pessoas no trânsito e, humildemente, peço-vos a graça de que no momento tanto necessito... (pede-se a graça necessária).

Pai-nosso.

Ave-Maria.

Glória-ao-Pai.

São Cristóvão, intercedei por nós.

5º dia

Iniciemos com fé este quinto dia de nossa novena, invocando a presença da Santíssima Trindade: em nome do Pai, do Filho e do Espírito Santo. Amém.

Leitura bíblica: Rm 12,18

Se for possível e na medida em que depender de vós, vivei em paz com todos.

Reflexão

Esta citação nos ensina que devemos viver em paz com todos. É importante recordá-la ao enfrentarmos obstáculos no trânsito, como, por exemplo, um engarrafamento, o que faz com que as pessoas percam compromissos e, muitas vezes, a paciência. Nessas horas, rezemos a São Cristóvão para que nos dê a paciência e energia necessárias para enfrentar esses momentos de trânsito parado.

Oração
Ó São Cristóvão, ajudai-me a ter a paciência necessária para enfrentar qualquer obstáculo que surja enquanto eu estiver no trânsito. Ajudai-me a viver em paz com todos, percebendo a presença de Deus em minha vida.

São Cristóvão, concedei-me a graça que vos suplico... (pede-se a graça que se quer alcançar).

Pai-nosso.

Ave-Maria.

Glória-ao-Pai.

São Cristóvão, intercedei por nós.

6º dia

Iniciemos com fé este sexto dia de nossa novena, invocando a presença da Santíssima Trindade: em nome do Pai, do Filho e do Espírito Santo. Amém.

Leitura bíblica: Sl 121,7-8

> O Senhor te guardará de todo mal, / Ele guardará tua vida! / O Senhor guardará tuas idas e vindas, / desde agora e para sempre.

Reflexão

Deus está presente em todos os momentos de nossa vida. Ele é nosso guia e nosso consolo, é o nosso caminho, e é importante que saibamos que, com Ele por perto, nada pode nos prejudicar. Procuremos imitar São Cristóvão, experimentando o amor divino e ajudando a todos que a nós recorrerem.

Oração

São Cristóvão, vós que pregastes a paz e praticastes a caridade, ajudando na travessia de crianças e idosos, intercedei junto a Deus, alcançando-nos a graça, que com fé vos pedimos... (pede-se a graça a ser alcançada).

Pai-nosso.

Ave-Maria.

Glória-ao-Pai.

São Cristóvão, intercedei por nós

7º dia

Iniciemos com fé este sétimo dia de nossa novena, invocando a presença da Santíssima Trindade: em nome do Pai, do Filho e do Espírito Santo. Amém.

Leitura bíblica: Sl 46,2

Deus é para nós refúgio e força, / um auxílio sempre disponível na angústia.

Reflexão

Todos nós, seres humanos, passamos por sofrimentos e privações em alguma fase da vida. Nesse momento, o ideal é fortalecer nossa fé em Deus, acreditando que a situação irá melhorar, tendo esperança no poder de Deus.

Oração

São Cristóvão, ajudai-me a manter a fé, mesmo perante os obstáculos. Vós que pregastes a paz e praticastes a caridade, ajudai-me a seguir vosso exemplo. Intercedei junto a Deus, alcançando a graça que vos peço... (pede-se a graça a ser alcançada).

Pai-nosso.

Ave-Maria.

Glória-ao-Pai.

São Cristóvão, intercedei por nós.

8º dia

Iniciemos com fé este oitavo dia de nossa novena, invocando a presença da Santíssima Trindade: em nome do Pai, do Filho e do Espírito Santo. Amém.

Leitura do Evangelho: Mt 28,20

> [...] eis que eu estou convosco, todos os dias, até o fim do mundo.

Reflexão

O trecho do Evangelho salienta que Deus está em nossa vida: Ele é nossa força e salvação.

Oração

São Cristóvão, ajudai-me a confiar em Deus em todos os momentos de minha vida, mesmo quando enfrento o desconhecido. Ajudai-me a entregar totalmente o meu ser aos cuidados de Deus e intercedei para o alcance da graça que tanto almejo ... (pede-se a graça).

Pai-nosso.

Ave-Maria.

Glória-ao-Pai.

São Cristóvão, intercedei por nós.

9º dia

Iniciemos com fé este nono dia de nossa novena, invocando a presença da Santíssima Trindade: em nome do Pai, do Filho e do Espírito Santo. Amém.

Leitura bíblica: Sl 86,1-7

Senhor, presta ouvido e responde-me, / pois sou um infeliz e pobre. / Conserva minha vida, pois sou fiel, / Tu, meu Deus, salva teu servo, que em ti confia! / Tem piedade de mim,

Senhor, / pois a ti clamo todo o dia. / Alegra a alma de teu servo, / porque a ti, Senhor, elevo minha alma. / Pois tu, Senhor, és bom e perdoas, és rico em misericórdia / para todos os que te invocam. / Escuta a minha oração, Senhor, / atende à minha voz suplicante! / No dia de perigo clamo a ti, porque tu me respondes.

Reflexão

Durante as aulas de direção, no treinamento para motorista, o importante é como reagimos perante nossos erros. E assim deve ser em todas as etapas de nossa vida de cristãos. Deus, nosso instrutor, sabe que cometeremos erros, mas não nos abandona quando isso acontece. Ele está preocupado com nosso crescimento, com nosso aprendizado e não com os nossos erros. O importante é aprendermos com esses erros e saber que Deus nos guia.

Oração

Obrigado, São Cristóvão, por nos ajudar a compreender que o amor de Deus é incondicional. A vida só tem sentido no amor a Deus e ao próximo. Assim como vós amastes e ajudastes a muitos, vou procurar ser sensível diante do sofrimento alheio. A vós faço um pedido especial... (fala-se o pedido solicitado) que muito necessito ser atendido.

Pai-nosso.

Ave-Maria.

Glória-ao-Pai.

São Cristóvão, intercedei por nós.

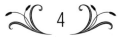

ORAÇÕES DE SÃO CRISTÓVÃO

Oração 1: Prece do condutor

Ó São Cristóvão, que atravessastes a correnteza furiosa de um rio com toda a firmeza e segurança, carregando nos ombros o Menino Jesus, fazei com que minha fé em Deus seja cada vez maior. Dai-me firmeza e segurança no volante do meu carro e ajudai-me a enfrentar corajosamente todas as correntezas que eu encontrar, venham elas dos homens ou do espírito infernal. Amém.

São Cristóvão, rogai por nós.

Oração 2: Para evitar acidentes

São Cristóvão, acolhei o nosso pedido. Não permitais que nossa visão se desvie quando estivermos dirigindo, colocando em risco a nossa vida e a de nossos entes queridos, de amigos ou familiares. Evitai, São

Cristóvão, que tomemos alguma bebida alcoólica e soframos algum acidente. Protegei todos os viajantes que caminham por essas estradas movimentadas e cheias de perigo, cuidando deles com vosso amor celestial e a vossa plena fé.

Sede nosso guia, São Cristóvão.

Oração 3: Pedir proteção ao volante

Louvamos a vós, São Cristóvão, para que nos ampareis do momento em que saímos de casa e entramos em nosso veículo até o nosso destino. Livrai-nos do sono ao volante, da distração, da doença súbita, da imperícia, do atropelamento, do alcoolismo, do acidente com outro veículo. Que eu não coloque minha família nem outra em risco e possa voltar para casa sempre com a consciência de dever cumprido. São Cristóvão, nós vos louvamos por serdes tão misericordioso e bondoso com vossos fiéis. Não nos desampareis. Amém.

Oração 4: Oração do motorista

São Cristóvão, que uma vez pudestes carregar o fardo precioso do Menino Jesus e, por isso, com razão, sois venerado e invocado como Celeste Protetor e Ministro do Trânsito, abençoai o meu carro. Dirigi minhas mãos, meus pés, meus olhos. Zelai pelos meus freios e pneus. Preservai-me das colisões e de pneus que estouram. Protegei-me em curvas perigosas; defendei-me contra cachorros soltos e pedestres imprudentes. Fazei-me cortês para com os outros motoristas, atencioso com a polícia, cuidadoso nas vias públicas, atento nas encruzilhadas e sempre dirigindo com muita fé em vós e em Deus.

São Cristóvão, protegei a nós e nossos carros, nas ruas e nas estradas. Acompanhai-nos nas nossas viagens e excursões. Amém.

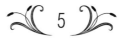

Ladainha de São Cristóvão

Senhor, tende piedade de nós.
Jesus Cristo, tende piedade de nós.
Senhor, tende piedade de nós.

Jesus Cristo, ouvi-nos.
Jesus Cristo, atendei-nos.

Pai celeste, que sois Deus, tende piedade de nós.
Deus Filho, redentor do mundo, tende piedade de nós.
Deus Espírito Santo, tende piedade de nós.
Santíssima Trindade, que sois um só Deus, tende piedade de nós.

Santa Maria, Rainha dos Mártires, rogai por nós.

São Cristóvão, protetor dos motoristas, rogai por nós.

São Cristóvão, invocado para proteger contra os acidentes de percurso, rogai por nós.

São Cristóvão, invocado para a paz no trânsito, rogai por nós.

São Cristóvão, protetor dos viajantes, turistas, rogai por nós.

São Cristóvão, amigo dos devotos, rogai por nós.

São Cristóvão, amigo do Menino Jesus, rogai por nós.

São Cristóvão, fiel aos princípios cristãos, rogai por nós.

São Cristóvão, pregador das palavras de Jesus, rogai por nós.

São Cristóvão, santo da esperança, rogai por nós.

São Cristóvão, protetor das estradas, rogai por nós.

Cordeiro de Deus, que tirais os pecados do mundo, perdoai-nos Senhor.

Cordeiro de Deus, que tirais os pecados do mundo, atendei-nos Senhor.

Cordeiro de Deus, que tirais os pecados do mundo, tende piedade de nós, Senhor.

Jesus Cristo, ouvi-nos.

Jesus Cristo, atendei-nos.

Rogai por nós, São Cristóvão,

Para que sejamos dignos das promessas de Cristo.

Editorial

CULTURAL

CATEQUÉTICO PASTORAL

TEOLÓGICO ESPIRITUAL

REVISTAS

PRODUTOS SAZONAIS

VOZES NOBILIS

CADASTRE-SE
www.vozes.com.br

EDITORA VOZES LTDA.
Rua Frei Luís, 100 – Centro – Cep 25.689-900 – Petrópolis, RJ –
Tel.: (24) 2233-9000 – Fax: (24) 2231-4676 – E-mail: vendas@vozes.com.br

UNIDADES NO BRASIL: Aparecida, SP – Belo Horizonte, MG – Boa Vista, RR – Brasília, DF –
Campinas, SP – Campos dos Goytacazes, RJ – Cuiabá, MT –
Curitiba, PR – Florianópolis, SC – Fortaleza, CE – Goiânia, GO – Juiz de Fora, MG –
Londrina, PR – Manaus, AM – Natal, RN – Petrópolis, RJ – Porto Alegre, RS –
Recife, PE – Rio de Janeiro, RJ – Salvador, BA – São Luís, MA – São Paulo, SP
UNIDADE NO EXTERIOR: Lisboa – Portugal